Découvrez l'histoire par les archives de presse

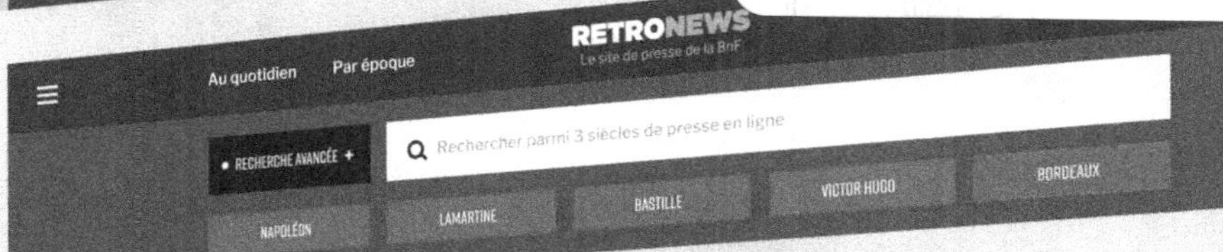

RETRONEWS

Le site de presse de la BnF

www.retronews.fr

Ma...
L'IMAGO
DÉPÔT LÉGAL
Mensuelle
Littérai
que
Ornée
de Fig
Bois
R.F.
DACTION & DIRECTION ARTISTIC
des Petits Champs n° 4 PARIS
25 fr
2 fr 50
FLOVRY
Boulevard des Capucines

SOMMAIRE DU N° 4

CETTE REVUE
EST PUBLIÉE PAR LA CORPORATION FRANÇAISE
DES GRAVEURS SUR BOIS

CARTONS D'ARTISTES

DANIEL VIÈRGE

PAR

ROGER MARX

Malgré les aspirations généreuses dont on lui fait gloire, notre siècle restera l'ère des pires hérésies esthétiques. Chacun entend trancher au premier regard, sans être averti par l'instinct ou guidé par les plus élémentaires leçons; puis, la peinture étant devenue, de l'avis commun, la seule fin de l'art, les autres manifestations de la beauté n'obtiennent plus qu'un crédit restreint d'estime; visent-elles un but d'utilité, les voici tenues pour secondaires tout à fait. Il en est allé de la sorte pour tous les arts appliqués, pour celui de l'illustration, notamment : aujourd'hui encore, on le traite sans grands égards, comme en sous-ordre. C'est oublier qu'il faut, pour y réussir, la rencontre des qualités les plus rares : une nature assez inventive et assez plastique

Quatrième Numéro.

pour transformer en image toute conception du cerveau ; la faculté de fixer, avant qu'elle ne s'évanouisse, la vision intérieure : enfin le don de la composition et un métier approprié à la technique de l'interprète. Dans cette tàche méprisée, des peintres de grand renom ont lamentablement échoué : ceux-ci manquaient d'imagination, de mémoire : les autres ne parvenaient pas à définir leur pensée : presque tous étaient désorientés par ce labeur où l'artiste puise en lui-même la substance de sa création. A de rares élus appartint le privilège de retrouver et de satisfaire les difficiles lois d'un art expressif et décoratif : on leur doit les dessins des quelques ouvrages qui jalonnent le siècle et sauvegardent l'honneur de la xylographie moderne. Le romantisme, époque de renouveau pour les arts et les lettres de France, voit paraître, en l'espace de seize années, l'*Histoire du roi de Bohème et de ses sept châteaux*, par Tony Johannot, le *Gil Blas* de Jean Gigoux, les *Voyages de Gulliver* de Grandville, la *Némésis médicale* de Daumier, les *Industriels* d'Henry Monnier, le *Journal de l'expédition des Portes-de-fer* de Raffet, le *Lazarille de Tormès* de Meissonier... Plus tard l'étape de chaque période est marquée

par un chef-d'œuvre : les *Contes drôlatiques* de Gustave Doré remontent à 1855, et à 1860 les *Contes d'un vieil enfant* d'Edmond Morin ; dès 1876 commence la publication de l'*Histoire de France* de Vierge : en 1892 Lepère donne ses *Paysages parisiens*. Les artistes derniers venus sont, à vrai dire, plus foncièrement illustrateurs : leur talent informe le périodique aussi bien qu'il commente le livre ; il sait donner d'un texte une version dessinée ou fixer pour l'avenir la vie qui passe. La communauté des travaux, des visées n'empêche pas l'originalité individuelle de se manifester sous les dehors les plus opposés. Entre Gustave Doré et Daniel Vierge par exemple, que de différences ! Gustave Doré, égaré volontiers dans son rêve, n'échappe pas toujours à la vulgarité ou à la lourdeur, et triomphe surtout dans l'illustration d'humour où

les déformations masquent une notoire insuffisance du dessin : Daniel Vierge,
Espagnol de pied en cap, imaginatif mais très attaché au réel, ne cesse jamais
de se montrer sensible et subtil, et son œuvre bénéficie, dans toutes ses parties,
d'une égale certitude de moyens, de l'avantage d'une science spontanée et acquise.

Tout s'accorde à préparer le succès de Vierge : l'atavisme — son père
est un artiste de renom; — la vocation, impérieuse dès la première enfance;
l'enseignement qu'il a reçu ou qu'il s'est donné en copiant Velazquez, Goya, les
types madrilènes de la rue et de la *plaza de toros*. Vers la vingtième année, il

vient parmi nous, aux jours tristes de la guerre étrangère et civile. De cet
instant date sa collaboration au *Monde illustré*; il faut la considérer comme
essentielle, à tous égards. Edmond Morin, seul jusqu'alors, avait cherché à
donner des événements contemporains une représentation *artiste*, mais sans
s'évader du joli, de l'aimable et de l'anecdote : avec Vierge, dont l'organisation est
autrement puissante, toute une révolution s'accomplit : il renouvelle, il trans-
forme le dessin d'actualité; il le doue de ce qui lui manquait naguère, de la
vie et du mouvement; il le fait l'égal du tableau pour l'ordonnance, le sens et
l'effet; il remplace les fantoches informes par des êtres humains, les gribouillis
du paysage par des masses profondes, les figures banales par des types caractéristiques. C'est, victorieusement poursuivie dans l'illustration, la lutte de l'école

moderne en faveur de la vérité et de l'expression, A la nature, à la photographie. Vierge ne demande que des éléments d'enquête : loin de se soumettre au document, il lui commande : en toute liberté, le cerveau généralise, élimine, exagère ou atténue, selon les convenances de la composition. Quant au dessin, établi avec des tons simples, énergiques, et cerné d'un robuste contour, nul n'est mieux *écrit* en vue de l'interprétation xylographique. Par les modèles qu'il a proposés à ses traducteurs, Vierge a exercé une action prépondérante sur le progrès de la gravure sur bois : il a prouvé l'infinie souplesse dont elle était capable, et comment elle pouvait atteindre à la couleur, rendre toutes les nuances, toutes les lumières, toutes les dégradations et tous les éclats.

Voyez se succéder, dans *le Monde illustré*, les estampes de Vierge, il ne vous semblera pas avoir déjà rencontré un tel pouvoir créateur, autant d'abondance et de fougue dans l'imagination, autant de variété et d'imprévu dans la mise en scène. Toujours l'intérêt d'art dépasse la portée du sujet, qu'il s'agisse d'un fait d'armes ou d'une réjouissance publique, d'un meeting ou d'une inondation, d'une scène andalouse ou de l'invasion des sauterelles en Algérie, d'un pèlerinage à Lourdes ou des folles à la Salpêtrière, d'une fête de nuit à Constantinople ou des obsèques de la reine Mercédès. Chacun se souvient d'Eugène Delacroix peignant de pratique la Corne d'or dans l'admirable tableau de l'*Entrée des Croisés* ; en vertu d'une semblable *seconde vue*, Daniel Vierge évoque, à son gré, tous les spectacles lointains ou proches, présents ou passés, fantastiques ou réels, et on ne saurait s'étonner de la suprématie d'emblée conquise le jour où il lui plut de donner la vie de l'image aux inventions des poètes, des con-

Daniel Vierge

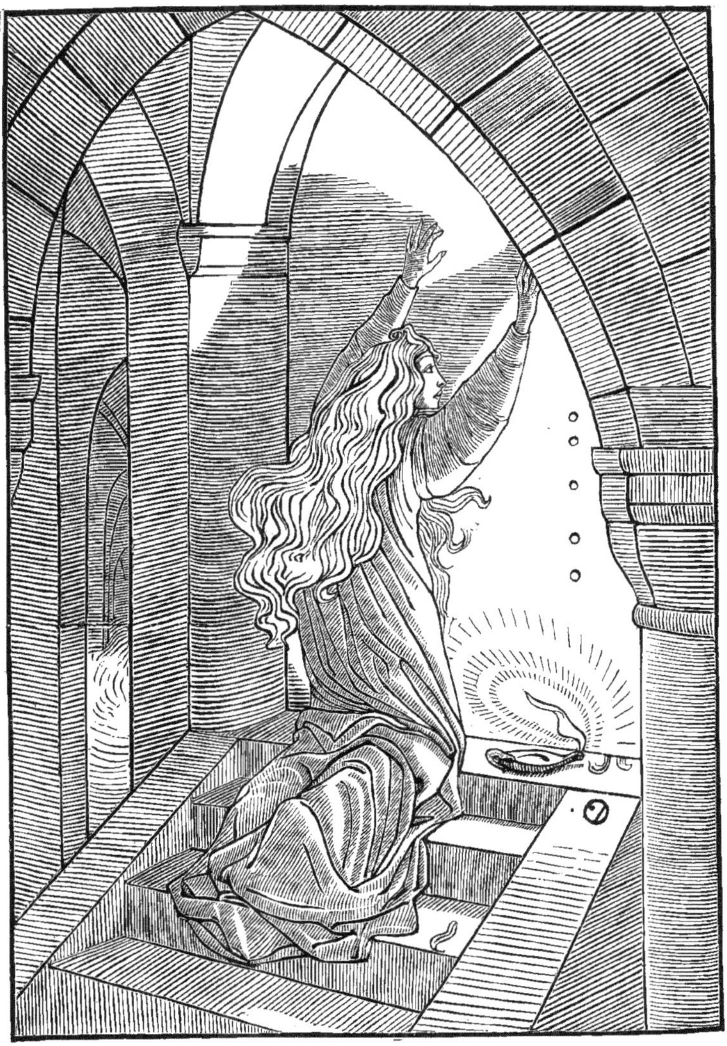

YGRAINE, *tâtant anxieusement la porte.*
« Je suis sûre de trouver.... attends un peu.... une minute.... un moment...
(MAURICE MAETERLINCK.)

LA MORT DE TINTAGILES Gravure de

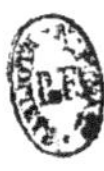

teurs ou des historiens. Si le destin exige vraiment que chaque génie littéraire
trouve à son époque un génie plastique pour le traduire et le répandre, Daniel
Vierge est bien l'illustrateur héroïque que réclamait l'œuvre de Victor Hugo ;
seul il pouvait vibrer à l'unisson de ce cerveau immense, parcourir le cycle des
romans hugoliens, passer du naturel au merveilleux, du simple au grandiose,
du tendre au pathétique (*les Travailleurs de la mer*), de l'étrange et de l'horrible
au gracieux (*l'Homme qui rit*). D'un autre côté, parce qu'il possède au suprême
degré la faculté d'éveiller l'idée de l'ensemble par le fragment, de la foule par le

groupe, d'un état d'âme général par un accident particulier, Vierge s'apparente
avec Michelet, lequel procède par la mise en valeur suggestive d'épisodes signi-
ficatifs. L'artiste et l'écrivain s'accordent encore en ceci qu'ils voient tous deux
dans l'Histoire une résurrection ; avec une intuition prodigieuse, Vierge recon-
stitue les époques disparues, sans que l'exactitude nuise à l'impression, sans que
le décor domine jamais le drame ; la physionomie morale ne le préoccupe pas
moins que la vraisemblance des aspects ; son instinct le porte à douer chaque
vision d'une intensité de vie telle qu'elle semble surgie du fond du passé avec
la frappante soudaineté d'une apparition.

Tout en consacrant son talent à la gloire d'un Victor Hugo, d'un Michelet,
Vierge gardait à l'Espagne la préférence d'une indéfectible et filiale tendresse.

Il semble même que l'éloignement n'ait réussi qu'à aviver chez le maître le culte pour la couleur locale de sa patrie, qu'à lui en faire mieux goûter le particularisme sans second. Les créations récentes de Vierge revêtent (le *Cabaret des trois vertus* mis à part), un style exclusivement indigène, et l'on sent dans le *Pablo de Ségovie*,

ce pur chef-d'œuvre, dans l'*Espagnole*, la joie éprouvée à revivre la vie du pays natal, à révéler l'inégalable pittoresque du sol, des mœurs et des allures. En ce moment, Vierge s'absorbe dans les dessins du *Dernier des Abencérages*, du *Barbier de Séville*, du *Don Quichotte* surtout; pour replacer dans leur vrai cadre les exploits du Chevalier de la triste figure, il s'est astreint à recommencer l'extravagante odyssée de son héros: il s'en est allé des plaines de la Manche aux montagnes rocailleuses de la Sierra Morena : ses cahiers se sont couverts de notes aquarellées ou crayonnées, et déjà une relation de son voyage a paru (*Sur la piste de Don Quichotte*) enrichie de croquis prestigieux: elle laisse

pressentir l'illustration promise à notre curiosité impatiente. Charles Blanc s'en fût réjoui, lui qui tançait vertement les peintres espagnols d'avoir seuls méprisé les suggestions de leur littérature nationale si curieuse et si riche: pour la première fois l'épopée héroï-comique sera mise en images par un artiste du rang et du sang de Cervantès. Dans le talent de Vierge se reflètent à souhait les caractères distinctifs de la race, le sentiment de grandeur altière qui donne de la superbe au gueux, de la pompe au haillon, puis une humeur tour à tour aimable ou railleuse, tendre ou féroce, hilarante ou lugubre. N'est-ce pas aussi le dessin ensoleillé d'un pays de lumière, ce dessin sans ombre dont le trait, fin comme celui de Fortuny ou de Rico, prend tant de signification en se profilant sur l'éclat immaculé de l'hori-

zon? Et d'autres signes encore s'accordent à préciser l'origine de cet art : la fantaisie d'une verve picaresque, le geste exubérant de la pantomime, l'aptitude à décomposer le mouvement sous la lumière vibrante et à rendre l'instantané : le vol d'un soufflet, l'élan d'un coup de pied, la chute d'un corps à travers l'espace, toutes les visions dont la fugitivité semble défier la perception du regard et la transcription de la main.

Une personnalité si tranchée proscrit et voue au néant le plagiat des imitateurs ; en même temps elle rend malaisé le parallèle par où se marquerait l'importance primordiale de Vierge dans l'art moderne. Il n'est guère qu'Adolf Menzel auquel on le puisse comparer (en tenant le compte nécessaire des variations de tempérament) ; ils ont en commun un amour profond de la nature, de la vie, une intense volonté d'expression ; grâce à eux, la gravure sur bois a connu, dans deux pays, le rajeunissement d'une véritable renaissance ; enfin leur art est, de part et d'autre, essentiellement national. L'Allemagne s'est honorée en élevant son peintre aux plus hautes dignités de l'empire : l'apparat d'une telle consécration officielle aura manqué à Vierge, sans qu'il y prenne garde, j'imagine. Qu'importe d'ailleurs ? L'équitable Histoire, qui se rit des vanités humaines, saura confondre dans le même lustre les deux maîtres qui s'égalèrent en illustrant l'un les œuvres du grand Frédéric, l'autre *l'Histoire de Don Quichotte* et le *Pablo de Ségovie*.

ROGER MARX.

Un Amateur d'Ames

Le paysage de Tolède et la
rive du Tage sont parmi les
choses les plus ardentes et les
plus tristes du monde.

Celui qui vit là n'a que faire de
considérer le grave jeune homme, le
Pensieroso de la chapelle Médicis; il
peut aussi se dispenser de la biographie
et des *Pensées* de Blaise Pascal. Du
sentiment même qui est réalisé dans ces
grandes œuvres solitaires, il sera rempli, s'il
s'abandonne à l'âpreté tragique de ces magnificences délabrées sur ces
hautes roches.

Un tel fond de paysage nous ramène de force à une vue générale de
la nature et à cette philosophie d'ensemble qu'il est nécessaire de conserver, quand on se livre à la volupté de saisir des finesses de sentiment.

Tolède sur sa côte, et tenant à ses pieds le demi-cercle jaunâtre du
Tage, a la couleur, la rudesse, la fière misère de la sierra où elle campe
et dont les fortes articulations donnent, dès l'abord, une impression d'énergie
et de passion. C'est moins une ville, chose bruissante et pliée sur les com-
modités de la vie, qu'un lieu significatif pour l'âme. Sous une lumière crue
qui donne à chaque arête de ses ruines une vigueur, une netteté par quoi
se sentent affermis les caractères les plus mous, elle est en même temps
mystérieuse, avec sa cathédrale tendue vers le ciel, ses alcazars et ses
palais qui ne prennent vue que sur leurs invisibles patios.

Ainsi secrète et inflexible, dans cet âpre pays surchauffé, Tolède appa-
raît comme une image de l'exaltation dans la solitude, un cri dans le désert.

C'est sur les rudes pentes qui cerclent l'horizon de Tolède et encais-
sent à pic le Tage, que Delrio avait relevé les ruines d'une maison de plai-
sance mauresque, l'une de ces *cigarrales* célèbres où Tirso de Molina

place des réunions de causeurs analogues aux sociétés que Boccace a vues dans les villas de la campagne florentine.

Des bâtiments d'un ton orange, un patio avec de beaux puits aux margelles dégradées de marbre, quelques lauriers difficilement entretenus dans ces ravins brûlants, une atmosphère de parfums exprimés par le soleil des lavandes et des benjoins de la montagne, une vue sublime enfin et qui impose des associations d'idées sur la solitude, la mort et la beauté, voilà quel était son domaine sous ce ciel où jamais ne passe une vapeur.

De sa fortune, qui était considérable, Delrio tirait parti, mais elle ne contentait pas son âme.

Il avait, et poussé jusqu'à un goût passionné, le sentiment de l'énergie humaine. C'est ainsi qu'il se répétait fréquemment, avec quelque mépris de soi-même, le mot sublime de Napoléon à Sainte-Hélène : « J'ai eu l'art de tirer des hommes tout ce qu'ils peuvent donner. » Dans cette déclaration, il reconnaissait celui qui fut un individu et sut créer des individus.

Il croyait entrevoir qu'il est quelque méthode sûre pour donner des passions à des cerveaux. C'est peut-être une fausse conception. Pour agir, l'essentiel ne serait-il pas la collaboration des circonstances ? Mais il tenait à son idée simpliste parce que ce lui était une sensation puissante d'envisager le développement historique comme déterminé par des volontés.

Or, pour sa part et avec cette passion de la domination morale, il n'avait su s'employer qu'à restituer de l'âme aux vieilles pierres.

Le secret de son impuissance était qu'il ne sentait les choses que du point de vue de l'éternité; il ne les considérait qu'en leur développement, et il lui était impossible d'exagérer les choses présentes comme il le faut pour agir sur les présents.

Des torrents de poésie s'amassaient en lui, d'autant qu'il ne les utilisait pour la roue d'aucun moulin. Parmi ces ruines et tant de folles énergies qu'elles évoquent, assez rassuré sur ses intérêts pour en avoir de l'insouciance, il s'abîmait en des rêveries ardentes auxquelles il n'avait point su donner d'autre objet que soi-même.

Par son caractère d'éternité, son aspect hors des siècles, Tolède, sur qui ne semblent plus marquer ni les années, tant elle est vieille, ni les événements, tant elle est légendaire, devait profondément contenter cette imagination contractée. Cette exaltante Tolède, voilà la complémentaire

désignée pour cet être,
enfiévré au point que dans
les arts il n'eût trouvé
de contentement qu'au-
près des violents rac-
courcis de Pascal et de
Michel-Ange, qui eurent,
eux aussi, l'âme solitaire
et tendue.

Il avait offert à un
ermitage, son voisin sur
ces roches décharnées et
dont le vent du Tage
chaque soir lui apportait
les sonneries, des clo-
ches du même timbre
que possédaient celles
qui avaient sonné durant
son enfance; non point
qu'il gardât dans cette
partie élue un souvenir
pieux de son village de France, mais
c'était curiosité et complaisance à l'égard du
petit garçon qu'il avait été. « Celui-là, pensait-
il, n'avait encore rien ajouté à sa nature sincère; à fleur de peau, il laissait voir cette part essentielle que je ne puis plus retrouver en moi et sur
laquelle il faut agir pour émouvoir profondément un être. »

Parfois des hautes terrasses de son domaine, il considérait un nageur
perdu tout en bas dans les flots jaunâtres et rapides du Tage, pauvre
bonhomme s'efforçant et pareil tout entier à une pince de homard qui
s'ouvre et se ferme.

« Brave petit être, se disait-il, comme il est touchant quand il fait son
travail âprement et tout seul comme une bête! Il n'est prince ou génie
qui ne doive se démener des quatre pattes, s'il tombe à l'eau. Voilà le
geste instinctif! Il veut se conserver! A quel sentiment faire appel, dans
la vie de civilisation, qui soit aussi constant chez les individus que le sens

de la conservation? Sur quelle base prendre un appui dans les âmes désin-
téressées pour les dominer? »

C'est au milieu de ces préoccupations de machinisme moral qu'il en
vint à songer à une fille que son père avait eue d'un amour adultère.

Sa sœur! et dans sa dix-neuvième année! Ce souvenir épandit en lui
un sentiment de fraîcheur et de volupté. Il désira se l'attacher parce qu'il
la devinait formée selon son cœur.

Toute petite, elle avait dû partir pour l'Égypte avec sa mère chassée
pour ses déportements. Orpheline maintenant, elle vivait chez des parents
à Dresde. Elle accepta de quitter la terrasse de Bruhl pour la sierra tolédane.

De tout son voyage, comme elle le dit par la suite, elle retint seulement que des pleurs sans cause lui montaient aux yeux quand le train tra-
versait des villes violemment éclairées sous l'immense silence de la nuit.

C'était une petite fille très cérémonieuse, très froide, avec de grandes
révérences de couvent et de cour, dans des robes d'une simplicité exquise.
Pour qui la comprenait mal, c'était la perfection glacée d'une très jeune
femme dans quelque cérémonie d'apparat, mais là-dessous palpitait un cœur
susceptible des plus beaux désordres.

Enfant, elle avait pleuré quand on faisait des plaisanteries contre le pape. Sa religion s'était beaucoup développée à être
contredite par les protestants. Toute cette
petite morale d'enfant de Marie n'est médiocre que si nous la croyons intéressée,
hypocrite, mais il y a des cœurs où de tels
sentiments ont été posés de naissance et si
profondément qu'ils deviennent une parfaïte
sincérité et de la vraie poésie. Sans doute sa
mère, inquiète de ses égarements, avait tenté
d'adoucir Dieu par les minuties de sa dévo-
tion, et de l'enfant de son péché avait fait
un ex-voto.

Ce temps-là fut le plus heureux de la
vie de Delrio. Comme on le savait hospitalier et oisif, et par cette franc-maçonnerie

qui relie les cosmopolites, nul voyageur de quelque intérêt ne passait en
Espagne qui n'eût une lettre pour la villa de Tolède, et bien peu s'y pré-
sentaient qui ne fussent retenus quelques jours. Quand sa sœur fut installée
auprès de lui, il put plus aisément recevoir des femmes, société dont il
avait le goût. En outre Simone, qui avait le scrupule de toutes les choses
délicatement ordonnées, entreprit de réformer le train de cette vie. Des
hommes sont toujours sensibles à la règle que veut bien leur donner une
jeune femme jolie. D'une maison ouverte jusqu'à paraître une hôtellerie,
elle fit une petite cour. Elle sut mettre autour de Delrio une atmosphère,
une valeur d'art, une façon de politesse qui laissait mieux toute leur beauté
à ses magnifiques contemplations. En détruisant la spontanéité, les violences
de la personnalité dans le détail de la vie, on donne d'autant plus d'intensité
aux sentiments rares. Une certaine étiquette dans l'ordinaire satisfera toujours, et de la même façon qu'un profond silence, ceux qui cultivent un
rêve personnel un peu intense. C'est autant de heurts évités.

Dans l'origine, Delrio, parce qu'il aimait la volupté, avait songé à s'in-
staller une vie en Lombardie, qui est presque la douceur viennoise, sur les
lacs Majeur ou de Côme, mais les jardins aux syllabes chantantes, Melzi,
Sommaria, Guilia et le vieux port de Pallanza eussent moins contenté son
âme que ces pentes, pauvres et fortes de style comme les sentiments qui
faisaient son ressort. Depuis les *cigarrales* de Molina détruits, les côtes de
Tolède où seuls de maigres ânes pâturent les branches dures et sèches du
zetama macho, genêt fortement parfumé, s'étaient refusées à porter des roses.
Elle convainquit deux ou trois plants de réapparaître. En policant tout
autour d'elle, Simone dis-
pensa son frère de rien re-
gretter : sous cette lumière
crue, sur ces montagnes
d'une énergie si passionnée,
elle lui fut le plus jeune, le
plus souriant des jardins.

MAURICE BARRÈS.

(A suivre.)

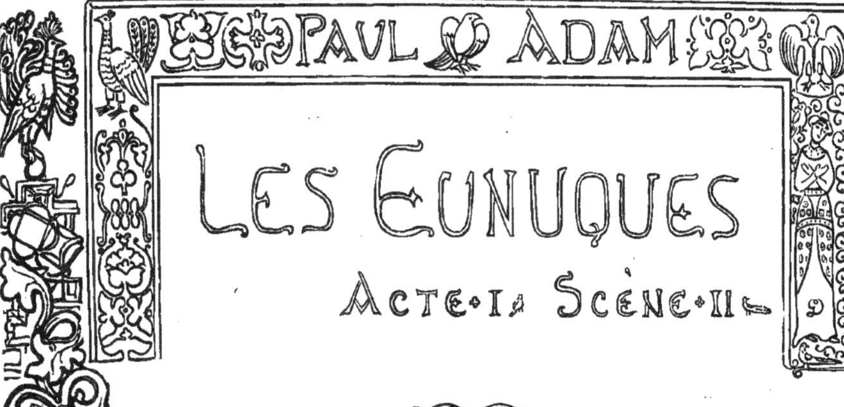

La scène se passe dans l'Hippodrome de Byzance à la fin du huitième siècle, dans le vesti-bule qui mène jusque l'entrée du cathisma où se trouve la loge impériale. Une sorte de balcon de pierres sépare ce passage de l'abyme de l'arêne entourée par les innombrables gradins où siège le peuple.

Au début de la scène l'impératrice Irène sort du cathisma à la suite de son fils Constantin que la colère emporte. Marie d'Arménie, épouse du jeune homme, essaie de le contenir aussi. Mais Constantin bouscule l'eunuque Pharès et marche vers les gradins du peuple, en vociférant.

IRÈNE — CONSTANTIN — MARIE

En vérité, devant le peuple, ma mère, devant le peuple... je crierai cela... *(A Pharès.)* Hors d'ici, toi, disparais! Urne d'infamies... Ordure sous les deux espèces...

Ton peuple, mon fils.

Sors, Pharès, et que l'on donne le signal de l'autre course. Byzance ne verra pas la colère de l'Autocrator, si le galop des quadriges accapare ses yeux...

Se portant entre Constantin et le balcon. — Ton peuple!

Au nom sacré du Christ! Que Byzance voie! Que Byzance juge!... Qu'on juge entre la mère qui ordonne aux eunuques d'insulter le fils, et ce fils, empereur des Romains. Ah! l'empereur dérisoire des Romains!.. Écoute, Byzance... Écoute!

Œil du Théos!

Retire-toi, épouse stérile... Arménienne avare... retire-toi... Tu sais que je ne puis te supporter quand Théodote cesse de suivre tes pas... et de sourire à mes lèvres adultères... Va, va, pleure.., tu pleures comme un mime selon le cri de la flûte...

IRENE — Cesse, Constantin, de meurtrir cette âme... cesse. Oh! Toi que j'enfantai dans la maison de Porphyre... pour la gloire du monde.

CONSTANTIN — La gloire du monde me donnera-t-elle quatre-vingts talents d'or qu'il me faut pour soutenir l'honneur de mon auguste parole, Despoïna?

IRENE — Tu as promis cet or à tes parasites, aux femmes de fête.

CONSTANTIN — Certes!

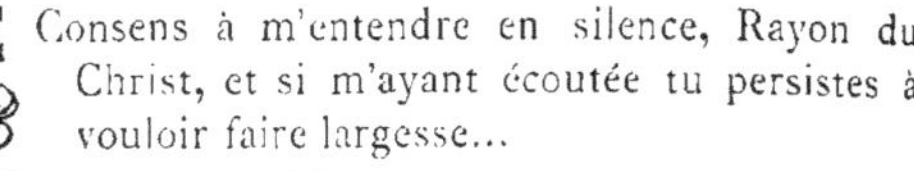

IRENE — Consens à m'entendre en silence, Rayon du Christ, et si m'ayant écoutée tu persistes à vouloir faire largesse...

CONSTANTIN — Je mourrai subitement comme mon aïeul Copronyme et mon père Léon... C'est cela que Ta Piété veut dire?...

IRENE — Non...

CONSTANTIN — Quoi donc, alors?... Me feras-tu battre de verges par les eunuques ou aveugler par les scholaires... ou tondre et jeter au couvent par ton patriarche Taraise... On dit qu'ensemble, dans les souterrains d'Éleuthérion...

IRENE — Ose achever ton blasphème... Ose... Tu n'oses pas répéter les calomnies que les ivrognes hurlent à la fin des orgies à tes oreilles impériales, et devant les danseuses vautrées au milieu du vin... tu n'oses, mon fils... Il persiste donc encore au fond de toi, un peu de la grâce que le Théos dispense aux fils imprudents, un peu de la grâce... Mon Constantin! mon fils. Mon Constantin!... fleur de mes yeux vieillis, mon enfant, mon cher enfant... oh!

CONSTANTIN — Je ne demande pas que Ta Piété pleure... ni que Ta Piété se désole, je demande qu'Elle ordonne à l'eunuque Staurace de peser quatre-vingts talents d'or...

IRENE — Pour en faire don au préfet de cavalerie, ton Alexis, à Damian le cocher des verts, et ils le distribueront, cet or, à la populace qui mendie sous les arcades de l'Hippodrome, afin qu'elle insulte les ministres au passage, afin qu'elle excite à l'émeute les soldats iconoclastes, afin qu'Alexis, illustre par ses vols de fournitures militaires, ou Théodose, le patrice incestueux, soient portés contre Ma Force, sous Ton Nom. Toi cependant, les bourreaux audacieux t'aveugleront. Et tes amis seront couronnés à ta place dans la Sainte Sagesse!... Voilà pourquoi tu veux quatre-vingts talents d'or!...

CONSTANTIN — Tu as peur, maîtresse des Romains...

IRENE — Pour toi... Tu vis avec le crime... tu écoutes rire le crime.

CONSTANTIN — Tu redoutes un crime de moi...

IRENE — Et je pense que tu succomberas sous des mains criminelles.

CONSTANTIN — Celles de tes eunuques.

IRENE — Celles de tes convives... Je vois le cachot des Nouméra où te garderont des cavaliers barbares qui n'entendront pas tes plaintes. Je vois venir, à pas sourds, les nègres portant le réchaud et les fers rougis... Je vois ta pauvre figure où ruisselle un sang noir... Je vois le traître chausser, dans la Sainte Sagesse, les souliers de pourpre aux acclamations des légionnaires iconoclastes. Et parmi le son victorieux des cloches j'écoute ton agonie geindre dans la mare hideuse. Oh! cela me donne une angoisse sans nom, une douleur qui étrangle, une peine qui racornit les paupières sur mes yeux douloureux... une peur qui vide ma chair de toute chaleur, parce que, selon l'Écriture, tu es la chair de ma chair; parce qu'en moi ruisselle déjà le sang de tes pauvres yeux crevés, de ton cher col entamé. Tiens, là, sous ma dalmatique augustale, il persiste un froid de hache. Cela m'étouffe, cela me... me... *(Elle s'arrête.)* Ah!

CONSTANTIN A connaître l'insolence de tes ministres, Despoïna... je n'imaginais pas cette affection.

IRÈNE Tu n'imaginais pas!... tu n'imaginais pas!... Mais, dis, dis ce qui put t'induire à penser que je fusse dépourvue d'amour pour toi! Dis!... Tout enfant, je te montrais au bout de mes bras, lorsque le char impérial m'emmenait à l'Hippodrome par les rues pleines de cris de fête. J'entourai ton âge de savants illustres, je voulus que leur science nourrît ta mémoire. Ah! oui.... oui... j'espérais alors de toi autre chose, autre chose que ta noblesse, j'espérais ton intelligence...

CONSTANTIN Je suis l'ignorance et la sottise; je ne le méconnais pas. Tes eunuques me le font assez comprendre, et le rhéteur Jean aussi. Je sais, ce n'est point l'intelligence que chérir les belles formes des femmes, des chevaux, des coureurs, les nuances développées des étendards, et le tumulte majestueux des cavaleries en marche; ce n'est pas l'intelligence de se plaire dans les camps, de préparer à Byzance des destins immortels; ah! certes!.,. ce n'est pas l'intelligence des eunuques, ni des prêtres, ni des femmes.

IRÈNE Byzance!... Tu as dit Byzance! Tu nommes son destin!

CONSTANTIN Je veux par le courage de nos soldats illustrer sa gloire; toi, tu veux par les quenouilles de tes eunuques tisser son linceul...

IRÈNE Ah! Byzance! Pour quels autres que pour elle et pour toi ai-je accumulé l'or dans les caves d'Éleuthérion, ai-je étendu sur les mers l'effort de ses navigateurs, ai-je imposé des temps pacifiques aux Sarrasins, aux Borusses, aux Sarmates, aux Bulgares... Byzance!... Le voilà ce peuple qui hurle en l'honneur des cochers, et qui se vend aux enchères. Tu parlais de troupes, de légions. As-tu seulement une cohorte de Romains? Une seule?

CONSTANTIN Rome absorbe le monde dans son nom. Les enfants du monde sont des Romains...

IRÈNE Pourtant je t'aime ainsi rude et téméraire, enfant, mon enfant! Pourquoi faut-il que la force de ton cœur fonde entre les mains des prostituées! Pourquoi l'instinct a-t-il mis sa chaîne autour de ton cou robuste... pourquoi n'ai-je pas su chasser de ton âme tous les vices comme une meute de chiens hargneux?... Je me sens coupable devant toi...

CONSTANTIN Parce que tu ne fais pas peser quatre-vingts talents d'or... Fais-les donner, tu ne seras plus coupable. Tu dormiras sur ta conscience, en paix.

IRÈNE Je parle, je parle de toute ma peine, et tu songes seulement à cet or qui fera rire des femmes ivres, autour de la nuit.

CONSTANTIN Je suis jeune et fort; je veux plier les femmes sous mon bras et le monde sous mon glaive...

IRÈNE Comme tu es beau tout de même, Constantin.

CONSTANTIN Elles me le répètent. Il est vrai que je dore leur louange.

IRÈNE Et tu ne te lasses pas. Elles ne te lassent pas, la paresse de ces hommes aux rires absurdes, la vénalité de ces femmes de courtisans qui, faveur par faveur, obtiennent, pour leurs maris, les commandements des thèmes et des diocèses, celui des flottes et des armées. Ça ne te lasse pas de meurtrir l'âme de ta petite épouse Marie?... Le mal ne te lasse pas?

CONSTANTIN Se lasse-t-on de vivre? Je vis par tous les sens. Je veux vivre le plus... Il me faut quatre-vingts talents d'or... et la punition du Cunicleios, ton eunuque, qui me les refusa brutalement.

IRÈNE Sais-tu le prix de l'or?... mon enfant! Sais-tu que par ce seul élixir Byzance survit à son histoire? Une goutte d'or, c'est une parcelle de l'empire... Mais tu ne vois donc rien, tu ne comprends donc rien?

COSTANTIN Je vois des femmes qui veulent de l'amour, et des hommes qui veulent des combats... Quand l'or manquera... nous irons en reprendre dans les villes des Sarrasins ou dans celles des Lombards... avec nos armes et avec nos aigles.

IRÈNE Enfant!... Tu ne connais rien de Byzance!... Mais, de toutes parts, le flot des hommes se rue sur la proie. Regarde là-haut, au faîte des gradins, ces barbares! Le Franc vient chercher la rançon des captifs qui meurent en Italie. L'émir somme le Cunicleios de lui verser le tribut, sinon sa cavalerie passe en Cappadoce. Le légat du pape veut de l'or aussi pour convertir les Saxons. Si on ne lui en donne il déchaîne sur notre frontière les Francs de Karl... Toutes ces lamproies pompent l'or de ton empire... Ah! oui! tes soldats! tes armées. Nos soldats! Ces Saxons! ces Arméniens! ces Ripuaires! ces Varangs! ces Borusses! Pas un Romain! ils ne sont alertes que pour la fuite. Et alors, toi aussi, tu veux boire le sang de Byzance jusqu'à ce que son corps tombe en lambeaux... Tu le veux... dis?

CONSTANTIN Pourquoi tes eunuques s'opposent-ils à la guerre?... Laisse Alexis prendre, avec moi, la tête des légions... tu verras.

IRÈNE Je verrais la déroute.

CONSTANTIN Non... Tiens, donne-moi l'or que ton trésorier destine au Franc; je me charge de le faire payer avec du fer... Tu refuses? Tu ne veux pas que je vive, que ma jeunesse vive!

IRÈNE Mais je t'aime, moi, je t'aime de tout le sang qui engendra ton sang. Tu ne veux cependant pas, pour satisfaire des prostituées et de la populace, livrer aux barbares la Pensée Romaine.

CONSTANTIN Je voudrais qu'il y eût moins de lâcheté au cœur de tes ministres.

IRÈNE Ces hommes qui te conseillent dans la débauche, ils mentent... Je t'assure, ils mentent. Ils mènent au désastre, à la défaite, à la mort.

MARIE Il faut sauver Byzance de la barbarie du monde...

LE SABOTIER

Gravure de CLÉMENT BELLENC

CONSTANTIN Je le veux aussi.

MARIE Oh! si nous pouvions ensemble nous donner à cette tâche, avec nos trois cœurs, nos trois corps, nos trois vies, Maître...

IRÈNE Tu sais comme je t'aime, mon cher fils... Compte quelle sera cette tâche! Il faut que l'idée, l'idée seule, sans glaives, sans soldats, triomphe de la force des peuples barbares qui bruissent autour de nous jusqu'aux confins du monde, comme une seule forêt de fer...

CONSTANTIN Nous y pourvoirons, Despoïna... Dites, Marie! Ah! voilà la splendeur parmi vos femmes..

MARIE Théodote.

CONSTANTIN Un beau visage... et une attitude merveilleuse.

IRÈNE La beauté de l'œuvre romaine n'est-elle pas plus haute qu'une beauté charnelle, dites...?

CONSTANTIN Qui pourrait dire si la magnificence d'un beau corps ne l'emporte pas sur la beauté d'une idée grande?

IRÈNE Vous parlerez toujours comme un marchand d'esclaves.

CONSTANTIN Hé, ma mère, les marchands ne parlent pas si mal, quand ils versent, dans vos trésors d'Éleuthérion, l'argent par lequel ils achètent votre politique...

IRÈNE Mon fils!

MARIE O maître du monde!

CONSTANTIN Ne raillez pas. Je suis entre vos mains comme un écolier sans pouvoir.

IRÈNE Nous sommes entre les mains du Théos comme des faibles sans pouvoir.

CONSTANTIN La course finit. Cet or... le puis-je avoir?

IRÈNE Tu exiges le sang de l'empire.

CONSTANTIN Ta rhétorique ne me convainc pas.

IRÈNE Le sort de l'empire tombera dans des mains qui disperseront...

CONSTANTIN Cet or.

IRÈNE Je donnerai les ordres que tu désires.

CONSTANTIN Voilà une bataille durement gagnée... Tenez, Augusta, Damian l'emporte encore. Il tourne la borne...

CRIS DU PEUPLE Ah! Damian vainqueur!

CONSTANTIN Il est dit que mes couleurs l'emporteront en ce jour!

(Les trompettes sonnent.)

MARIE Regarderez-vous votre servante, par grâce?...

(De toutes parts les ennuques, les soldats envahissent la scène : les barrières s'ouvrent... Le peuple se répand. Ils rentrent. Alexis, qui sortait du cathisma, se prosterne.)

CONSTANTIN Alexis! Nous avons la victoire et les talents...

ALEXIS Ton Autocratie peut-elle ne pas triompher!...

PAUL ADAM.

COIN DE BATAILLE

Spicheren, 6 août 1870

A Paul Adam.

Nous étions campés, depuis la veille au soir, sur un grand mamelon nouvellement moissonné ; devant nous s'échelonnaient des terrains semblables entre lesquels on voyait, par places, quelques champs de luzerne.

Il était environ neuf heures du matin ; les hommes se livraient à leurs travaux de campement ; à gauche se tenait un petit groupe d'officiers fouillant de leurs jumelles la lisière d'un bois.

Le ciel, d'une fraîcheur délicieuse, d'un bleu tendre, descendait à l'horizon par dégradations infinies, et, sur le chaume baigné de lumière, on apercevait le frémissement joyeux des beaux jours.

Un des officiers revint à sa tente voisine de la mienne, et me dit en passant d'un air heureux : « Fameux temps pour se battre ! » Alors, comme une réponse lointaine, on entendit le canon.

Ce furent d'abord des coups sourds et mats, comme ouatés, touchant à peine une oreille attentive, perceptibles seulement dans le silence et que les battements du cœur suffisaient à couvrir ; peu à peu le bruit grandit et devint, en moins d'une heure, le concert terrible et grandiose dont chaque note vous secoue la poitrine et vous ébranle le cerveau.

Toute la division était au front de bandière et tous regardaient d'où partaient les coups.

Deux généraux à cheval, suivis de leurs officiers, passèrent au trot ; ils parlaient avec animation, désignant du doigt le ruban bleu des collines de la Sarre ; l'un d'eux, le plus vieux, appela notre colonel, lui dit quelques mots et tous, dans une poussière d'or, se perdirent à nos yeux.

Au bout de quelques minutes la marche de la division fut sonnée ; les notes cuivrées éclatèrent dans l'air léger. Un déchirement inconnu se fit en moi; j'eus la vision rapide et poignante de mes parents dans leur maison de Bourgogne; je songeai aux promenades du soir, les jours d'été, aux caresses de ma mère, à toute cette famille aimée, ignorante de mon sort; je pensai que peut-être j'allais en être brutalement séparé par la mort; puis mon propre cadavre, blême, couvert de poussière, au soleil, m'apparut...

Mais on rompait les faisceaux, chacun fut à son poste; le capitaine commanda : « En avant! » et nous partîmes au pas de course dans la direction du canon.

Le régiment s'était formé sur trois colonnes... Nous courions, gravissant les côteaux, disparaissant dans les vallons, foulant les moissons et les prairies, pêle-mêle, haletants, poussés par cette force mystérieuse, qui, aux heures sanglantes, fait de l'homme un redoutable insensé et commande aux paniques aussi bien qu'aux victoires.

Les compagnies s'étaient espacées; seules les sections conduites par leurs chefs res-

taient compactes; nous avions, en courant, pris les grandes distances, la direction à gauche; on commençait à percevoir le ronflement des balles, véritables mouches de carnage; elles passaient rapides, ailées, modulant des sons différents, presque gais; nous courions...

Tout à coup, dans un champ de luzerne, entre un mur en pierres sèches et un groupe de noyers, un brusque arrêt se produisait; j'entendais une voix me crier : « Couche-toi, couche-toi, mais couche-toi donc! » Une main me tirait violemment; à peine étais-je à terre, qu'une gerbe de mitraille, passant dans un sifflement sinistre, venait, rapide ouragan, couper les branches au-dessus de ma tête. Nous étions, sans nous en douter, au plus épais du combat. Pourtant quelques officiers s'étaient relevés et commandaient des feux par salves sur les points d'où partait la fusillade. Mais le tir de l'ennemi, d'abord trop haut, tua quelques hommes; on entendait le bruit des balles entrant dans les têtes, traversant les corps, cassant les membres, fouettant les sacs, trouant les gamelles, ricochant sur les armes quand elles ne les brisaient pas; et, soudain, la plainte aiguë des blessés; des hommes se convulsaient agitant les bras, cherchant précipitamment la place de la blessure; les mains devenaient rouges et les figures pâles; les dents claquaient sous le soleil de plomb; d'autres, tués raide à leur

place, baissaient seulement la tête, leurs doigts crispés se détendaient lentement; ils semblaient dormir. Le tir se précipitait; les hommes, n'écoutant plus les commandements, faisaient feu pour s'étourdir, devant eux, sans viser.

Un aide de camp passait au galop, criant des paroles confuses perdues dans le bruit et montrant, penché sur l'encolure, d'un geste fou de la main droite, qu'il fallait appuyer à gauche; et nous reprenions notre course à travers les cultures...

Je vis alors un spectacle émouvant; un capitaine, debout dans un champ labouré par les obus, ses hommes couchés devant lui, semblait indifférent, commandant sans hâte, comme à la cible, des feux de peloton dont les échos traversaient le bruit de la bataille.

Nous dépassions ensuite des lignes de soldats d'infanterie, le dos courbé sous le sac, conduits par des officiers à ceintures rouges levant des cannes et frappant les fuyards; des cris, des clameurs montaient dans la nue, dominés par la voix du canon; de sourds gémissements, des silhouettes de blessés, tenus sous les bras, les jambes molles et la face éperdue; puis nous entrions dans un chemin creux où les balles ne pouvaient pénétrer. C'était une accalmie.

Mais bientôt, spectacle horrible, défilaient sous nos yeux, emportés du champ de bataille, les blessés sur des civières; ils gisaient immobiles, contractés, hagards; quelques-uns la tête couverte d'un vêtement, d'autres la figure sérieuse exprimant comme un muet reproche; certains semblaient implorer la croix de pierre qui se dresse à l'entrée du village de Spicheren. Là, se tenait le général avec son état-major; à chaque nouvelle civière on le voyait porter la main à son képi; il avait les yeux troubles, gonflés par la fatigue, et semblait plier sous le poids d'une immense inquiétude. C'était un grand vieillard à l'air bon et noble.

Puis nous repartions en avant à travers des vergers et brusquement nous tombions sur une escouade de soldats allemands qui, nous voyant soudain les aborder au pas de course, se sauvaient dans une bousculade, pris d'une peur affreuse. J'apercevais, comme en rêve, un de ces malheureux, rattrapé au moment où il allait franchir la clôture, et cloué par Ornus contre un pommier, d'un coup de baïonnette au milieu du dos!...

Le jour commençait à baisser, l'herbe humide était couverte de branches cassées; les hommes collés contre le mur conquis faisaient le coup de feu, on voyait la flamme sortir de chaque fusil; un souffle géant passa sur nous, ployant les plus braves, un nuage brûlant nous brouilla la vue, un fracas de tonnerre nous coucha; vingt hommes environ furent atteints; quelques-uns se dressaient, retombant sans vie, d'autres se roulaient dans l'herbe en poussant des cris déchirants; une cuisse nue, le

pied presque coupé laissant voir le bas du tibia, vint s'abattre à deux pas de moi, après avoir inondé de sang la figure déjà toute blanche d'un mort...

J'avais parcouru, au sortir du champ de bataille, des terrains dévastés où les débris de nos régiments cherchaient à se rejoindre ; j'avais reconnu des amis qui, d'un mot jeté à la hâte, la gorge serrée et la douleur de la défaite au front, m'avaient appris des morts héroïques : ce malheureux Bruant, du 11ᵉ chasseurs, a eu les jambes coupées par un obus ! Et je revoyais sa figure rayonnante et colorée, ce sourire si bon et si joyeux sous la jeune moustache, sourire à jamais glacé dans le subit effondrement de cette mutilation féroce... Et je passais, cherchant le régiment, toujours suivi de mes quelques hommes. Puis j'étais revenu m'étant heurté à de la grosse cavalerie ; j'avais revu les mêmes compagnies dépareillées tassées en bataillons ; les hommes silencieux derrière les faisceaux, chacun pensant à la honte d'être les vaincus, ou heureux, au fond, d'avoir échappé à la mort...

Alors, quittant les plateaux, j'étais descendu avec mes hommes dans la vallée ; j'avais pris des chemins bordés de haies... Çà et là de vagues formes nous appelaient douloureusement dans la nuit, mais nous courions... J'avais sauté nombre de flaques souillées de sang, dans lesquelles de pauvres morts, les vêtements maculés, les cheveux couverts de boue, avaient rendu l'âme... j'avais vu briller l'éclair d'un coup de feu et entendu, dernier écho de la terrible journée, la balle ricocher contre les arbres. Ornus voulait riposter, mais je lui avais fait signe de venir.

Ce coup de feu partait d'une sentinelle de notre régiment, isolée et qui avait pris peur ; le mot de ralliement nous avait fait reconnaître et j'avais regagné ma place en tête du 3ᵉ bataillon.

L'ordre étant arrivé de prendre la marche en retraite, j'avais été placé à l'avant-garde.

Droit et obscur, sentant la sauge et l'eau d'étang, le chemin s'enfonçait mollement sous de grands arbres dont les branches retombantes lui faisaient une voûte de verdure ; dans les interstices scintillaient quelques étoiles sur le bleu profond du ciel. Nous marchions là depuis

quelque temps lorsque le chemin fit un brusque coude à gauche; devant nous s'étendaient
des prairies mouillées où fulgurait par places,
en écailles d'argent, le reflet diapré d'une lune
froide et blanche. Très haut dans le ciel, la
face railleuse, elle courait bondissant au milieu
d'une escorte de petits nuages...

Un coteau montait en pente douce de la
plaine verdâtre; il était séparé de notre chemin
par une bordure épaisse de chardons en fleurs et sur le versant pelé s'étageaient des
javelles.

Un adjudant major à cheval me dit à voix basse d'arrêter mes sentinelles placées,
je m'étendis exténué; le sol dur et froid me parut bon; la tête sur quelques brins
d'avoine, je perçus distinctement, avant de dormir un peu, le bruit de chevaux et
de fourgons galopant au loin; c'était, je l'ai su plus tard, l'artillerie allemande
entrant en France...

La fraîcheur tonifiante qui sort du sol à l'aurore me réveilla bientôt et subitement
le cauchemar que je vivais me ressaisit...

JEANNIOT.

SALOMÉ

Pour Jean Lorrain.

Sur des Rythmes berceurs prompts à pâmer les couples
Et que trouble parfois la clameur des airains,
La Juive Salomé cambre, en dansant, ses reins
Et balance lascivement ses hanches souples.

Ses cheveux dénoués pendent sur ses talons,
Et, tandis qu'elle danse et chante, demi-nue,
Dans les cœurs attentifs un désir s'insinue
Comme un frisson de rut au flanc des étalons.

Elle tournoie encor plus langoureuse, Artiste
Qui se dupe soi-même aux rôles qu'elle feint...
Et voici que, sur un immense plat d'or fin,
On apporte le chef tranché de Jean-Baptiste.

L'un de ses yeux est clos, l'autre est figé
Dans une expression douloureuse et hagarde...
Pourtant de ses deux yeux le chef sanglant regarde
Celle par qui son supplice fut exigé...

Ah! qui dira jamais quelles visions sourdes
Troublent encor les yeux que la mort a hantés...
Soudain, devant les courtisans épouvantés,
Une flamme a jailli sous les paupières lourdes.

Et le voile d'Horreur brusquement s'est ôté
Pour ne montrer dans les revivantes prunelles
Que l'Admiration et la Joie éternelles
D'un Amant ingénu découvrant la Beauté.

Puis, l'ombre de nouveau flotte et s'épaissit, dense,
Au fond des yeux ravis qui sombrent par degré;
Et les yeux, les yeux morts, se closent à regret
Devant la courtisane Salomé qui danse.

CHARLES BERNARD.

Les Livres

A ne voir dans le rapprochement des livres récents de MM. Anatole France et Bernard Lazare, *l'Orme du Mail* (chez Lévy) et *les Porteurs de torches* (chez Colin) qu'un cas fortuit ou le caprice du chroniqueur, on risquerait de négliger un événement considérable : les mêmes soucis de politique et de morale les animent ; et, quelle que part qu'on fasse aux théoriciens dont l'œuvre antérieure le suscita, il faut s'étonner que le même mois ait pu provoquer un mouvement des esprits analogue à celui qui se serait produit si les *Lettres Persanes* (1721), l'*Esprit des lois* (1748), — et le *Discours sur l'inégalité* (1755) avaient paru dans le même temps.

Il n'est pas jusqu'aux aventures tératologiques de Tricouillard et du chef de la maison d'Usbek qui n'apparentent M. France à Montesquieu. Toute l'œuvre de Balzac, pour une autre période de notre histoire, ne semble pas présenter de valeur documentaire plus précieuse que celle de l'*Orme du Mail*. Mais cette considération peut paraître accessoire quand tant de qualités forcent déjà l'admiration : une perception aiguë et souriante des mœurs contemporaines ; des vues si profondes sur l'état de la France que Tocqueville en perdra sa clientèle. Et quel charme lorsque l'auteur n'est pas seulement un des écrivains les plus riches d'idées générales, audacieuses, subtiles, qui soient, mais un poète : si bien que son ironie se tempère d'indulgence sereine et son impertinence de tendresse. Par une gageure victorieuse, il compose avec un art savant des propos rompus, intéresse à une intrigue frêle dont il nous dérobe (pure coquetterie) le dénouement. Et tandis que l'on donne des héros de l'*Orme* des clefs fort probables, ces personnages sont en même temps si généraux qu'ils pourraient s'appeler Ergaste, Clitandre ou Théodote.

C'est Mgr Charlot, cardinal archevêque de ***, fourbe rallié, épais et papelard. C'est un autre politique d'Église, l'abbé Guitrel, professeur d'éloquence au séminaire. Il suivrait Orgon de la synagogue aux loges et ne se redressera que la mitre au front pour insulter la République. Le vénérable abbé de Lalonde et l'abbé Lantaigne leur font un heureux contraste. Et voici le Machiavel aux pieds plats de tout ce qui reste de gouvernement : Théodore Worms-Clavelin, préfet israélite, Vén.·. du Sol.·. Lev.·... Ce n'est pas un méchant homme ; s'il manque de tact, il n'est pas susceptible ; sans convictions, il n'est pas intolérant. Il ne serait pas malhonnête inutilement ni sans scrupules. Il a l'intelligence suffisante, et professe le positivisme qui florissait dans les cafés littéraires de la fin de l'Empire. En face du *pouvoir* il fonde sa politique sur la fragilité des ministères, et sur le concert des loges ennemies. Le *parti* n'est pas à redouter : un sénateur et deux députés restent sous le coup de poursuites judiciaires ; les personnages influents sont en prison ou en fuite. *Le Libéral* lui reproche-t-il un virement ? Il organise une fête franco-russe. L'Église s'est ralliée : l'intimité d'un prêtre le flatte. Aussi Mme Worms-Clavelin, née Noémi Coblentz, qui est « de force à faire un évêque », prétendra-t-elle asseoir Guitrel sur le siège du bienheureux Loup, à Tourcoing. Seul avec l'abbé Lantaigne, M. Bergeret, professeur de littérature latine à la Faculté, fort cousin de Sylvestre Bon-

Maquette pour l'affiche de L'IMAGE

Gravure de T. BELTRA

rand et de M. France, s'intéresse aux idées ; son existence se rétrécit entre tant de méchants et d'imbéciles, car il souffre de sens délicats et d'un esprit « dont les pointes n'étaient pas toutes tournées au dehors ». Et que d'autres types ! Le général Cartier de Chalmot, qui depuis *qu'il n'est plus enclin à monter à cheval*, commande sa division sur fiches ; Mazure, l'archiviste radical ; la société de Valcomble où Mᵐᵉ de Gromance stimule ses ardeurs généreuses ; le premier président Cassagnol ; Mˡˡᵉ Claude Deniseau, l'inspirée, dont l'archevêque désavoue le miracle « inconstitutionnel et anticoncordataire ».

Nous fréquenterons désormais dans le cabinet de l'abbé Lantaigne, dans le salon archiépiscopal, dans la boutique de Paillot, libraire, et sur ce Mail. La ville de *** est le chef-lieu de tous les départements français. Nous connaîtrons encore l'honnêteté post-panamiste qui rêve du jour lointain « où l'on pourra recommencer à faire des affaires », et cette politique qui fausse les institutions, centralise la vie nationale et l'étouffe. A trop se défendre contre le passé et contre l'avenir, on risque de rompre toute tradition et d'attendre le progrès *sous l'orme*. « Ne penser qu'à soi et au présent, source d'erreur en politique », a dit La Bruyère. M. Anatole France a, sur l'essence des républiques, de grandes lumières. Sa pensée souvent ondoyante se précise dans un dialogue entre l'abbé Lantaigne et M. Bergeret, s'élève au-dessus du fameux chapitre du *Principe de la Démocratie* de l'*Esprit des lois* et de toutes les dissertations qui en sont nées. Son optimisme n'est pas exempt d'amertume. Les récents discours de MM. Deschanel et Poincaré à Nogent n'étaient guère plus enthousiastes du présent. Et si, secouant l'inertie d'un Bergeret en qui s'assoupit une humanité lasse de trop de changements, d'espoirs et de pensées, des politiques signalent avec M. Charles Benoist *(la Politique)* la nécessité d'empêcher par de promptes réformes *une révolution trop précipitée et sanglante*, faut-il s'étonner que des poètes impatients brandissent des torches dans le crépuscule ?

« N'oubliez pas que nous vivons à une époque de crise et de transition comme a été la Réforme, écrivait, *ad usum Delphini*, M. Hinzpeter, précepteur de Guillaume II, à une époque où les bases du sentiment, de la pensée et de l'action sont ébranlées ; *entre la science d'une part et la foi ancienne perdue, et la foi nouvelle qui n'est pas née, les hommes restent sans réponse sur le sens de la vie ; il faut en trouver une.* » Guillaume II ne se mit pas en dépense d'un idéal nouveau. Il continua la vieille politique prus-

sienne de l'alliance avec Dieu. En France, au xixᵉ siècle, sauf peut-être de Maistre, de Bonald et Saint-Simon, les théoriciens ne conçurent pas la nécessité d'enseigner une métaphysique et une morale, soit qu'ils fussent absorbés par la fâcheuse élaboration de textes constitutionnels, soit qu'ils demeurassent chrétiens. Mais pour n'apparaître pas aussi pressante ici que dans la mystique Allemagne, cette nécessité n'en était pas moins inéluctable. Le xviiiᵉ siècle avait ruiné la religion, et,

comme on a dit, aboli le sens du surnaturel et de la tradition. Le socialisme ne tarda pas à s'affirmer, en France surtout, anti-chrétien. Sans doute, maints préceptes de l'Évangile et plusieurs dogmes socialistes s'accordent. Mais la fin de la religion chrétienne et celle du socialisme sont absolument contraires : ce qui suffirait à rendre les socialistes sinon athées, du moins hérétiques. Puis, les Églises furent toujours conquises par les gouvernements : en les attaquant on attaquait l'ordre établi. D'autre part, les problèmes économiques présentent des analyses si complexes qu'il vaut mieux réclamer en leur faveur une aveugle foi. Et enfin, cédant à la loi commune, la morale socialiste tendait à son tour à devenir une religion.

Le nouveau *credo* proclama à la fois l'orgueil individualiste et la fraternité, la certitude de la science et du progrès. Un idéal athée se révéla, alors que tout idéal s'effaçait, en ce temps que des penseurs comparent à celui de la Réforme (lisez dans *la Réforme* de Michelet ce chapitre : « L'Allemagne... s'était vue broyantée... »). Quelle sera la société de l'avenir? M. Bernard Lazare ne se soucie pas de savoir comment on y cirera les bottes, selon le mot de Liebknecht. Ce qui importe, c'est d'en prescrire par avance la discipline morale. Il y a dans les sociétés actuelles, si éparses, plus d'hostilité latente que de mutuelle affection : aussi sont-elles instables. Il faut donc créer de la solidarité, enseigner un Devoir. Le livre de M. Bernard Lazare, plein de visions épiques et de hautes pensées, est un livre de foi. Marcus, le « porteur de torches » (*Marcus*, — *Marc Aurèle*?) est un stoïcien et un poète. Il développe des paraboles et des symboles sans prétendre enfermer la vertu dans des règles étroites. C'est un *sans-patrie*, c'est-à-dire le *civis totius mundi* que les, écoles vénèrent. Son idéal est sa patrie. Il a entendu toutes les voix altérées de justice, celle de Zénon comme celle de Prudhon, celles de Karl Marx et du Zarathustra de Nietzsche.

Marcus et son compagnon Juste pénètrent dans la vieille cité, Paris héroïsé : Géronta. Un fleuve y sépare le quartier riche du quartier pauvre. Les docks s'emplissent, les usines ahanent sous la domination des casernes. Dans une île, entre la cité des maîtres et la cité des esclaves, le Palais de Justice dresse ses tourelles tragiques. Ils rencontrent Claude, incertain devant tant de misères et qui s'est endormi dans l'impuissance : « Claude, lui dit Marcus, garde-toi du culte de la souffrance... Ne dis pas avec certains qu'il faut porter la misère du monde et pleurer les larmes d'autrui; ce ne sont pas de compatissants sanglots que demandent les hommes. » — Il rencontre Irène, la Visiteuse des pauvres : « C'est parce que tu fais ainsi la charité que l'on supporte plus facilement le mal qu'on ne devrait pas supporter. Ceux qui commettent des iniquités comptent sur toi pour atténuer les rancœurs qu'ils provoquent. Ainsi tes œuvres engendrent les méchants. » — Il rencontre le poète Anselme qui s'exile en des rêves de beauté défunte : « Quelle morte cherches-tu donc, Anselme?... Vivifie ton désir, ouvre les yeux sur le monde, tu verras la beauté... »

Il faut enseigner la justice; la justice est la condition du bonheur; le bonheur est le pouvoir de développer librement son être. C'est proprement un Ante-Christ que l'Annonciateur de ces paraboles. C'est un évangile anti-chrétien que prêche Marcus, au contraire de l'abbé de Lamennais, et du pasteur Secrétan, qui, dans leurs allégories sociales, identifient le devoir et Dieu. Il faut renoncer pour soi; mais il ne faut pas se résigner : « N'apprenez pas au pauvre à être la volontaire victime du riche, ne glorifiez pas l'agneau; gardez-vous des tueurs d'énergie. Frappez pour la justice!.. »

Et Marcus, ayant dit ces choses, reprend sa route, seul : Irène, Anselme, Claude, ses disciples, un philosophe, un poète, une femme (aucun grand mouvement ne s'est accompli dans le monde que les femmes n'y aient joué un rôle héroïque... Bebel, *la Femme et le Socialisme*) sèmeront la lumière et le feu. D'autres viendront, porteurs de torches aussi; et les lueurs, parmi peut-être la clarté d'incendies, plus proches, s'éveilleront comme des yeux inquiets de l'aube lente...

JULES RAIS.

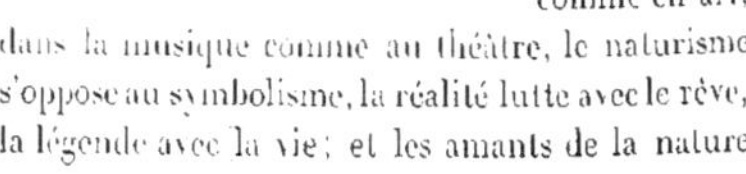

De la pacotille avant-courrière du printemps, deux manifestations d'art à dégager : les *Orientalistes* et la *Rose + Croix*. Deux petits Salons désormais annuels, qui retiennent non seulement par leur valeur respective, mais comme signes : ils viennent résumer un parlant contraste, aujourd'hui que partout, en littérature comme en art, dans la musique comme au théâtre, le naturisme s'oppose au symbolisme, la réalité lutte avec le rêve, la légende avec la vie; et les amants de la nature

rivalisent une fois encore avec les artistes de l'âme.

L'Orient! N'est-il point déjà un vivant poème? Ne peut-il réconcilier l'art et la vie dans la splendeur? Sa magie est faite de son mystère; de l'inconnu dont nos regards font un idéal. Là-bas, sous le soleil, la réalité de la vie arabe se teinte de la grandeur du souvenir biblique, invisible et présent. Charme immuable, synthèse fascinatrice où tel peintre choisit d'instinct tel accent éphémère d'un milieu permanent. Depuis vingt-cinq ans, une traduction nouvelle de l'Orient commence : le regard fin, calme, assagi, docile, un peu anémié parfois, des contemporains traduit ce qu'il voit sans mensonge, mais sans fièvre; depuis Belly voyageur, il note les mœurs locales et les lumières vraies : de poète il s'est fait observateur. Étudiez la *Courtisane* polychrome et *Douleur*, de Dinet, et l'or vert du *Coup de sirocco*, un ciel; Chudant affectionne les lunaires pâleurs; une belle *Nuit claire*, et si blonde au cimetière d'Assouan, de Charles Cottet, le *Port d'Alger* d'Henri Havet, perle et saphir, le *Soir* d'azur rose de Jules Taupin marquent délicatement les conquêtes de la véracité lumineuse. Petits cadres. Ce n'est plus l'Orient de songe des lyriques débuts, tel que l'entrevoyait la mémoire impétueuse et douce de Théodore Chassériau (1819-1856); l'Orient des combats épiques et des harems byroniens, qui chantait ses gammes éclatantes ou moroses en cette âme créole et juvénile; alors, les riches parures étincelaient sur les ciels noirs, les étoffes légères ondulaient sur les formes souples, l'antique beauté souriait au soleil farouche, et, aux yeux ardents du libre disciple d'Eugène Delacroix, les torses olympiens fleurissaient encore des baignoires de marbre. Exposition rétrospective des plus attachantes, qui place harmonieusement l'incantation d'hier auprès de la sagesse d'aujourd'hui. L'âme de Chassériau renaît, et tout un monde avec elle...

Mais de ces études peut-on faire un tableau?

Dans cette nature y a-t-il un art? — Non, répondra le grand Maître italianisant de l'Ordre de la Rose+Croix, du Temple et du Graal, qui, soucieux avant tout de l'idée, du sujet, de l'essence des choses, honnit « l'orientalisme seulement pittoresque »; quelle que soit l'exécution même parfaite, le décor oriental n'est toléré que si le pylône crépusculaire abrite orgueilleusement les divins voyageurs : plus de portraits, plus d'anecdotes, plus de modernité, plus d'intimité, plus de scènes rustiques, plus de fleurs ni de bodegones que les peintres « ont d'ordinaire l'insolence d'exposer ». Au nom de Phidias et de Léonard, l'Idéalité redevient le critérium suprême; l'aristocratie des formes exprimera la tradition des pensées : surhumain programme, qui, en passant de la parole du Sâr aux toiles des adeptes, risque fort de décroître, car, pareil au platonisme en amour, le mysticisme en art est aussi délicat que dangereux. Même sublime, le peintre doit rester peintre; maîtres et musées sont le pain des forts : chez quelques intellectuels timides, le culte du passé peut devenir le goût du pastiche; d'admirer à imiter, l'intervalle est court; et la plus fière discipline n'est pas toujours à l'abri de la formule. Mais Delacroix, qui objectait à Chenavard que « le christianisme vit de pittoresque », serait joyeux, cette année, en reconnaissant les élèves coloristes de Gustave Moreau en face des ingristes lumineux, du poète Osbert et du dessinateur Séon. Le dilettante Fernand Knopff allégorise doctement, Egusquiza se pâme dans la nuit wagnérienne, Maurin précise, Vallgren estompe, et Marcius-Simons célèbre la Renaissance avec des reflets de Monticelli, de Turner et de Frank Howland. Sous la règle, les individualités demeurent. Et qu'importe l'exagération primordiale, si le Beau triomphe?

Également proscrit, l'humour s'est réfugié non loin, dans une annexe de la galerie Georges Petit, avec le guignol si artistiquement amusant du compère Jean Veber, petit-cousin de Hogarth, où les contes de fées les plus subtils alternent avec les plus cinglantes satires. Des allégories tachées de sang ou semées de fleurs; çà et là, un paysage, un savoureux morceau; de petits portraits intimes comme une page de roman spirituel et documentaire; des caricatures véridiques et des moralités subversives; le tout envoyé avec cette malice des Veber's si ingénue qu'elle séduit l'âme athénienne d'Anatole France.

RAYMOND BOUYER.

Le succès des *Tenailles* à la Comédie Française, l'an dernier, abusa peut-être M. Hervieu sur le sens dans lequel il devait poursuivre la veine dramatique. Au lieu d'élargir son procédé, de lui donner de l'ampleur et de la vie, il l'a, tout au contraire, rétréci et rendu plus conventionnel dans sa nouvelle pièce : *La loi de l'homme*. L'idée de cette comédie en soi est excellente. Oui, la loi faite par les hommes l'est en faveur des hommes et les femmes sont odieusement sacrifiées. Mais, franchement, la preuve que nous en donne M. Hervieu est bien piètre et mesquine; un titre aussi vaste réclamait une œuvre de portée plus haute, avec comme action autre chose que l'aventure du mari qui trompe sa femme.

L'auteur a envisagé la loi par le petit côté et ses personnages n'ont pas des vues plus larges que lui. Ils s'insurgent contre un article du Code et se prêtent, surtout au dénouement, à des combinaisons hypocrites de convenances mondaines mille fois plus révoltantes. La femme se lamentant de ne pouvoir faire prendre son mari en flagrant délit est ridicule, elle devient sotte quand elle le dénonce; le mari menant grand train aux frais de sa femme est odieux; quant au cocu, sa correction dépasse les bornes de la niaiserie. La meilleure cause, défendue par des individus aussi étranges, aussi artificiels et d'aussi peu de conviction, serait sûrement perdue. On sent trop, à la sécheresse du dialogue, à la précision mathématique des scènes, l'invention de ces personnages adaptés à la thèse et non la thèse émanant de la douleur humaine vivante et palpitante. On s'intéresse alors au tour de main, au tour de phrase bien plus qu'aux revendications de Mme de Raguais et elle n'émeut pas du tout. Reste une pièce romanesque, de bonne tenue, bien ficelée, sentimentale assez, laquelle ne saurait déplaire au public puisque, en dépit de la loi et de la vraisemblance, les jeunes gens qui s'aiment finissent par s'épouser et les ménages se raccommodent par crainte du scandale ! ! !

L'Odéon, moins sévère que la Comédie, a donné un opéra-comique de M. Richepin fort plaisant : *le Chemineau*. Ce genre éminemment français ne pouvait manquer de réussir, il a très fort réussi et je ne regrette pour ma part qu'une chose, c'est que la partie musicale ait été réduite à une chanson de marche — adoptée, nous apprennent les notes, par plusieurs musiques militaires — et à un trio d'enfants. M. Richepin, qui est un vrai poète, a composé des pièces avec plus d'art, il n'en a jamais écrit de plus roublarde. Toutes les cordes sensibles y vibrent : la jeune fille persécutée y fait pendant au jeune homme persécuté, l'amour maternel rivalise avec l'amour paternel, le mauvais riche est roulé par le bon vagabond, et tout cela s'encadre en des tableaux champêtres pleins de couleur et de soleil. La fable est agréablement enfantine, point compliquée et facile à suivre. Un chemineau a mis à mal une fille de ferme, puis il a repris la grande route. Un brave garçon a épousé la fille; un fils est né et pendant vingt ans le ménage a prospéré. Vingt ans! Le bâtard s'éprend de la fille d'un gros fermier, le seul qui connaisse l'histoire de la naissance et ne veuille pas entendre parler d'un tel gendre! L'amoureux, de désespoir, se va périr quand, par hasard, son vrai père, le Chemineau, passe par le pays qu'il n'a pas revu depuis vingt ans, se souvient qu'il y a mis à mal une fille et se dit que cette fille a peut-être donné le jour à un enfant. Quoiqu'il ait mis vingt ans à faire cette réflexion, ses sentiments n'en sont pas moins violents, la voix du sang ne parle pas en lui, elle crie, elle hurle! Il veut revoir son fils, le consoler, lui faire épouser celle qu'il aime. Pour cela, il va trouver le beau-père récalcitrant, lui raconte des histoires de sorciers et l'effraie tellement qu'il donne sa fille au gars. Nous voyons, au dernier acte, les amoureux mariés depuis quatre mois vivant tous en famille avec la mère, le père légal et le Chemineau. Ce jour-là — une neigeuse nuit de Noël, — le Chemineau, qui veille le père putatif de son enfant, se dit que décidément sa place n'est pas là, il ouvre la porte et reprend la grande route, laissant le malade mourir dans le courant d'air ! Le public aurait souhaité que le bon Chemineau épousât la veuve ! Pourquoi M. Richepin ne lui a-t-il pas fait ce plaisir? Après tant de concessions il lui pouvait bien faire celle-là ; c'était cent représentations de plus.

Il est bien superflu de vanter le vers de M. Richepin, on sait qu'il est vigoureux, de belle venue, d'une facture régulière et cependant très souple, passant volontiers du lyrisme au sans-façon bon enfant. Je reprocherais seulement au poète une préoccupation de réalisme qui nuit considérablement à la fantaisie de l'œuvre. Car, ce n'est là qu'un conte, aux enluminures naïves. M. Richepin sait fort bien que son idéal Chemineau ne ressemble pas plus aux vrais chemineaux, tristes d'une incurable nostalgie, que ses paysans déclamateurs ne ressemblent à de vrais paysans, et l'auteur ne croit sûrement pas plus à la voix du sang qu'aux sorciers ; c'est pour le public !

Passons de l'honnête vieux drame campagnard à la comédie ultra-moderne, *la Douloureuse*, de M. Donnay. Là aussi le spectacle est coloré, varié ; mais ce n'est plus l'image d'Épinal, c'est de la peinture de luxe, très cherchée, très raffinée. Nous ne sommes plus parmi les rustres, mais dans le monde de la haute finance ! Ah ! il n'est pas flatté ce monde-là, le tableau que nous en fait M. Donnay est à se féliciter d'être pauvre : Quel bel étalage de décomposition sociale ! Quel merveilleux ensemble de muflerie ! Et ce qu'il y a de plus singulier, c'est que ces gens-là n'ont même pas l'hypocrisie du grand monde de M. Hervieu, ils se flattent de leur perversion et proclament leur cynisme. Les femmes comme les hommes, tous sont torturés de la soif ardente des jouissances, des jouissances rapides et variées, des jouissances sensuelles de préférence, la joie intellectuelle et les émotions de cœur leur sont étrangères. Par bonheur, plane sur la pièce l'idée de M. Donnay — fausse d'ailleurs — que toutes les joies se paient et qu'une heure vient où, comme au restaurant, il faut acquitter l'addition. C'est la vieille théorie des compensations, inventée pour faire prendre patience à ceux qui souffrent

mais dont la vie se charge de nous montrer le leurre.

La pièce plait parce que d'abord elle ne ressemble pas du tout à ce que les pontifes jusqu'à ce jour ont décrété être : « du théâtre, » et qu'elle bat victorieusement en brèche toutes les vieilles routines de métier. Ainsi le premier acte est un simple tableau, le second une conférence, le quatrième un duo, au troisième seulement se trouve une scène. Mais si cette scène est écrite de main de maître et jouée supérieurement, combien elle est peu dans le caractère des personnages, — si j'ose m'exprimer ainsi, — car de caractère ils n'en ont guère. M. Philippe, grand sculpteur, fait le buste de Mme Ardan, la femme du richissime financier, et en devient naturellement l'amant. M. Ardan se fait sauter la tête à l'approche d'un commissaire de police, les deux amants peuvent s'aimer ; ils préfèrent s'épouser. Mais Mme Gotte, une jeune femme mariée à M. des Trembles, trouve piquant d'avoir

pour amant Philippe avant la célébration du mariage. Philippe se laisse faire, seulement il s'empresse de rompre. Mme Gotte trouve le procédé un peu vif — elle devrait bien pourtant y être habituée — et pour se venger déclare à Philippe que Mme Ardan ne vaut pas mieux qu'elle, son fils que l'on croit légitime est le produit de l'adultère.

Philippe, que cela ne devrait guère émouvoir, sachant dans quel monde corrompu il aime, reste terrifié ; et, quand Mme Ardan vient, il a l'imprudence de lui faire une scène. La fine mouche devine d'où le coup part ; mais, si Gotte a révélé le secret, c'est que Philippe est son amant ! A son tour de s'indigner, et, après une bonne scène, les amants se séparent pleins de dégoût l'un pour l'autre. Le dernier acte est un duo renouvelé d'*Amants* où les cyniques du commencement, les sceptiques du milieu poussent le sentimentalisme jusqu'à la sensiblerie la plus mièvre. Philippe et Mme Ardan se retrouvent seuls au cap Martin, ils sont las des aventures et devenus plus indulgents pour leurs fautes ; l'enfant du crime sera leur enfant à tous deux, et la comédie se termine sur cette note attendrissante.

Inutile de dire que d'un bout à l'autre la pièce pétille d'un parisianisme aigu, tous ces personnages, qui en ont si peu à la ville, sur la scène possèdent un esprit de tous les diables, avec de véritables trouvailles : éphémères à-peu-près d'actualité, oppositions ingénieuses, allusions piquantes et calembours. Que M. Donnay aurait donc de l'esprit s'il en voulait avoir moins, et faire un choix sévère parmi ces mots qui souvent rappellent trop la table d'hôte de province ou le mess d'officiers ! En somme, *La Douloureuse* est une critique de mœurs de fière allure, d'une indépendance de forme et d'une originalité remarquables, écrite avec verve et l'on ne peut que se féliciter de son succès.

Le théâtre de l'Œuvre a présenté au public français un conte fantastique qui obtient, en ce moment, un grand succès en Allemagne : *la Cloche engloutie*, de Hauptmann. Désenguirlandé de toutes les petites fleurs bleues de la légende allemande et de celles d'une rhétorique débordante ; débarrassé d'un sentimentalisme vague et d'une philosophie indécise, ce drame-fresque où se mêlent les lutins, les sorcières, les prêtres et les maîtres d'écoles, nous montre l'éternelle défaite de l'ambition humaine.

On a voulu voir en ce drame un poème symbolique où la foi et la science joueraient les principaux rôles ; d'après d'autres commentateurs ce ne serait qu'une mosaïque de légendes. L'œuvre, quoi qu'il en soit, et malgré çà et là quelques éclaircies brillantes, n'en reste pas moins des plus obscures pour le spectateur français.

JEAN JULLIEN.

Les deux nouvelles œuvres lyriques, *Kermaria* et *Messidor*, n'ont pas réussi. Le public leur a fait un accueil médiocre, la critique, dans ses éloges ou dans ses blâmes, est restée fort indécise.

En définitive, les œuvres de ce genre, comme la plupart des productions modernes, sont le résultat d'une évolution, la conséquence logique d'un système qui, depuis dix ans, est prôné comme le seul bon, le seul véritable. Que Wagner ait beaucoup d'imitateurs, qu'il exerce une fascination irrésistible, il n'y a là rien d'étonnant. La technique merveilleuse de son œuvre offre des enseignements inépuisables ; l'ensemble des procédés constitue une doctrine que le maître lui-même a fort longuement commentée, et qui devait naturellement, à ce titre, devenir bientôt l'évangile, la règle suprême du drame lyrique. Inclinons-nous respectueusement devant cette Loi impérieuse et inéluctable, sans nous demander ce que peut bien valoir un système ainsi isolé de l'œuvre, une forme qui, privée de l'élément de vie, pourrait bien n'être qu'une chose inerte et inutile. Ne cherchons pas davantage pourquoi, après avoir débarrassé l'opéra de ses formules et de ses conventions, on s'est empressé de les remplacer par d'autres, et comment on peut bien affranchir un art en lui imposant une nouvelle servitude.

En dehors de toute théorie qui, bien présentée, a toujours les meilleurs arguments, ne fût-ce que celui de la nouveauté et qui a ici, de plus, l'autorité d'un grand génie musical, l'École française recueillera-t-elle beaucoup de gloire et de profit, en se vouant ainsi, corps et biens, à un système ? Pour courir à des imitations forcément médiocres, gardera-t-elle ses qualités dominantes et caractéristiques, qui lui ont fait sa place dans l'art, l'ingéniosité des détails, la variété, la légèreté, l'entrain et la grâce, la concision dramatique, qui n'est pas tant à dédaigner, encore qu'elle soit passée de mode ? La Muse de Méhul et d'Hérold doit-elle porter ce vêtement de la tragédie ou de l'épopée, beaucoup trop ample, qui n'est pas à sa taille et ne sied pas à sa figure ?

Les essais tentés jusqu'ici, les résultats ne répondent complètement pas à l'intensité de l'effort, au talent dépensé. Wagner, comme les hommes de génie, semble avoir épuisé la forme dont il s'est servi, il en a obtenu tout ce qu'elle pouvait donner. Dès lors, il n'y a aucun intérêt à recommencer Wagner, pour faire moins bien que lui.

Après avoir entendu la nouvelle partition de M. Bruneau, il reste l'impression d'un grand et noble effort, accompli par un artiste de haute valeur ; de l'œuvre, çà et là, en de nombreux endroits, se dégage une poésie véritable, un caractère grandiose que contenait l'idée primordiale du sujet, si bizarrement réalisée dans un drame incohérent. Le rôle du berger est musicalement très bien conçu ; sa forme pastorale, d'une touche légère et délicate, vient apporter quelque vie, quelque réalité à un personnage qui, comme tous ceux de *Messidor*, est une entité rudimentaire et incompréhensible. Un des leit-motiv de la partition, le chant du semeur, avec son rythme simple, ses allures de chanson populaire, n'est pas moins heureusement trouvé, et ici encore la musique est assez puissante pour nous faire accepter une scène — celle des semailles au clair de lune — d'un naturalisme romantique... un peu ridicule.

Au début du dernier acte se trouve un large motif, d'un beau sentiment religieux, et ailleurs, en maints passages, par exemple dans la légende de la grotte dite par Véronique, ou dans la scène qui suit entre les deux amoureux, le talent de M. Bruneau s'affirme franchement, plus encore que dans les œuvres antérieures. Mais combien on souhaiterait échapper, de temps en temps au moins, à l'impérieux système auquel s'est astreint le compositeur ; combien on désirerait que le courant de l'inspiration ne fût pas arrêté, brisé, détourné au profit de ces tyrans impitoyables, et remplacé par une déclamation monotone. On voudrait l'écriture plus souple, les modulations moins brusques, l'orchestration moins heurtée et moins inégale. D'autant plus, qu'il y a dans l'œuvre des éléments remarquables, hors des banalités d'art, éléments qui, dans ce monde artificiel, n'ont pu grandir ni se développer, et ont perdu une partie de leur valeur.

Mais qu'on n'appelle pas une imitation pâlie et fruste de l'art wagnérien une découverte ; qu'on ne donne pas cette forme pour la forme nécessaire du drame lyrique ! Une idée nou-velle crée une forme nouvelle et l'art n'est soumis à aucune réglementation. M. Bruneau, qui est un personnel, un indépendant, j'allais presque dire, sans pensée de blâme, un indiscipliné, reprendra bien vite sa liberté artistique.

Dans la partition de M. Camille Erlanger, *Kermaria*, l'emploi des leit-motiv est très habile, et la variété des arrangements atténue un peu la monotonie du procédé. M. Erlanger connaît admirablement la technique de l'art ; son style est d'une excellente écriture symphonique, son orchestration, très remarquable. Sans analyser la partition, signalons principalement la fin du premier acte (du deuxième, si on compte le prologue), la chanson des fileuses qui est charmante, la psalmodie de l'angélus, tandis qu'un carillon tinte discrètement au loin, le thème du moine, celui des orgues enchantées — qui est le thème principal, — d'un beau caractère. La longue scène d'amour, à l'acte suivant, nous a semblé un peu diffuse, mais elle contient au début une phrase délicieuse qui a toute la délicatesse poétique d'un dessin de Schuzmann. L'ensemble de l'œuvre est, pour les musiciens, d'un vif intérêt ; il est regrettable que la pièce n'en présente aucun.

L'an dernier, aux concerts de l'Opéra, *Saint-Julien l'Hospitalier* de M. Erlanger nous avait paru une des meilleures compositions de la saison, celle qui offrait les plus sérieuses promesses. *Kermaria* ne les a pas démenties ; et nous ne doutons pas qu'un jour, avec un livret bien fait et librement mis en musique, le compositeur ne les réalise complètement.

ÉLIE POIRÉE.

La Mode

Sa taille était petite, écrit un biographe de Marie-Antoinette à quinze ans, *mais parfaitement proportionnée; son bras était bien fait et d'une blancheur éblouissante... Lorsqu'elle fut grande et engraissée, le pied et la main restèrent aussi parfaits; sa taille seule se déforma un peu et sa poitrine devint trop forte.* »

« Qu'elle dut être belle ainsi ! » soupire M. Helleu. « *Et sa poitrine devint trop forte !* »

Sur une console trois pieds de faunes dressent comme un camélia blanc épanoui une fine coupe de pâte de Sèvres : c'est, assure-t-on, moulé, le sein de la reine où les bergers de Trianon buvaient du lait. Ah! cela est d'une tristesse infinie en ce dimanche pluvieux qui décolore au loin les bourgeons dans l'avenue. On défaillerait à effleurer des lèvres la coupe froide comme la mort... Un clavecin rêve dans le salon blanc et or, tendu de soie gorge-de-pigeon, où une marine de Monet n'est que lumière et que frissons.

Il appartient bien à l'artiste qui, sans rien déguiser du propre de nos contemporaines, de leur grâce plus précise, de leur souplesse moins caillette et plus nerveuse, de leur volupté plus aiguë, a poursuivi la tradition de Watteau et de Lancret, d'avoir donné ce décor à sa vie soucieuse d'élégance spirituelle.

« La mode? Est-ce la contrainte de paraître maquillée et multicolore comme étaient cet été les femmes à Trouville? Il n'y a pas de mode. Il y a quelques femmes très rares qui s'habillent avec goût et presque toujours de même façon. C'est affaire de talent personnel. Elles se défendent du *style actrice,* des collerettes Marie Stuart, des prétentions moyenâgeuses, du tapage des falbalas et des grands chapeaux; elles ne sont pas chatnoiresques et rougiraient de paraître esthètes. On les voit très simplement vêtues, comme M{^me} Standish

ou la princesse de Galles, comme les dames dont les maîtres français et anglais du xviii{^e} siècle nous ont laissé d'admirables portraits. — Pas de couleurs claires dans les rues, sinon le blanc en été. Quant aux jeunes filles, rien ne leur sied mieux que la mousseline et le tulle.

Par-dessus tout il faut prendre soin du corset si l'on ne peut s'en passer. La beauté de la gorge et de la taille dépendent de sa perfection. Or, jamais on n'en fit d'aussi parfaits qu'aujourd'hui. Le corset, s'il est trop haut ou trop dur, comprime la taille, la creuse en parenthèses concaves, remonte les seins, souffle à l'épaule ces bourrelets et presse ces plis qu'on voit aux gothons de Degas. Est-il souple et court, sa protection reste légère, le dos se dresse droit, la poitrine, basse, émancipe sa délicieuse abondance.

Entre toutes, les jupes collantes sont les plus belles : rien n'empêche qu'on les évase à leur chute. — Le même ton doit régner des fleurs du chapeau jusqu'aux souliers. Il faut cependant entreprendre une croisade contre le bas noir des gouges de Rops et des dames de café-concert, en faveur du bas blanc, seul propre et seul élégant. L'harmonie n'en sera pas rompue, mais elle doit rester notre souci constant. Stevens père me faisait, un soir, admirer une blonde en robe bleue, en souliers bleus, coiffée d'une plume bleue, et parée de turquoises. Whistler nous a enseigné les harmonies du bleu et de l'argent. Le rose et l'argent ne sont pas de rapports moins délicats. Le blanc et l'argent sont exquis, et je me souviens avec joie de ces harmonies : un boa de renard bleu, un éventail en argent et des gants gris; et, un jour d'été, sur la Tamise bleue, dans un *house-boat* peint en blanc, dont les rideaux étaient *aile de papillon jaune* et dont les balcons s'ornaient de fleurs jaunes, des femmes en robes jaune clair... Mais, comme dit Donnay : « Liberty! que de crimes on commet en ton nom! » Bannissons l'art anglais, ses couleurs, ses décors et ses meubles. Continuons la tradition française des styles Louis XVI et de l'Empire (qui eurent les mêmes ouvriers). Après le Panthéon, rien n'est plus beau que Versailles. La tradition française dans le meuble; la tradition française dans le décor... la tradition française dans la coiffure : avec quel joli instinct les petites ouvrières relèvent leurs cheveux! Et secouons la poudre qui crépit odieusement la chair, effaçons le fard qui violace les lèvres. »

LISE ROSIA.

Le gérant : TONY BELTRAND.

EN VENTE

LES FUMÉS PARUS DANS LES DEUXIÈME, TROISIÈME ET QUATRIÈME NUMÉROS

JANVIER 1897

Jeanniot. *Sœurs* (tiré à 38 ex.) . . . . 20 fr.
Maurice Denis. *Légende dorée* (25 ex.) . . . 10 fr.
Renouard. *Croquis londoniens* 6 bois (25 ex.)
    Chacun. . . . . 5 fr.
Granié. 3 encadrements (25 ex.) *Chacun* . . 10 fr.
— Titre et cul-de-lampe (25 ex.). *Chacun.* 5 fr.
Chéret. Pastel (138 ex.). . . . . 20 fr.
— *Pierrette*, sanguine (38 ex.). . . . . 20 fr.
— Maquette pour une peinture décora-
    tive (25 ex.). . . . . 30 fr.
— Maquette pour l'affiche de l'Opéra
    (25 ex.). . . . . 15 fr.
— 9 bois (25 ex.) *Chacun.* . . . . 10 fr.
Jeanniot. *Les Résolus*, 2 bois (25 ex.). *Chacun.* 10 fr.
Gerardin. Mme de Grignan (25 ex.) . . . . . 10 fr.
— En-tête (25 ex.). . . . . 10 fr.
— 2 bois 25 ex.). *Chacun.* . . . . . . 5 fr.
Helleu *Les lettres et les arts* (25 ex.) . . . 10 fr.
Doudelet. *Aglavaine et Selysette* . . . . . . 10 fr.
Bracquemond. *Blanqui* (25 ex.). . . . . . . 5 fr.
Gorguet. Lettre ornée (25 ex.) . . . . 5 fr.
Cottet. Croquis d'un tableau (25 ex.). . . . 5 fr.
Gerardin. *Le Toréador*, d'après Manet (25 ex.). 5 fr.
Ruffe. Réjane 25 ex.). . . . . 10 fr.
Moulignié. *Lorenzaccio* 25 ex. . . . . 5 fr.
Beltrand. Mozart (25 ex.) . . . . 5 fr.
Lepère. Don Juan (25 ex.). . . . . 5 fr.
Aman Jean. Étude de femme (25 ex.).. . . . 5 fr.
G. Auriol. Couverture et cul-de-lampe (25
    ex.) *Ensemble* . . . . 20 fr.

SÉRIES

Renouard. 7 bois. . . . . 40 fr.
Granié. 5 bois. . . . . 25 fr.
Chéret. 13 bois. . . . . 125 fr.
Gerardin. 4 bois . . . . 25 fr.

FÉVRIER 1897

Helleu. *Portrait de femme* (tiré à 38 ex.) . . 25 fr.
Lepère. *Autour de Notre-Dame*, frontispice 15 fr.
    25 ex. . . . . 15 fr.
— *L'Abreuvoir* (25 ex. . . . . 15 fr.
— *Le Mail* (25 ex.). . . . . 10 fr.
— *Crépuscule* (25 ex.). . . . . 10 fr.
Doudelet. *L'Ombre de Rupertus*, 2 bois 25 ex.).
    Chacun. . . . . 15 fr.
Lepère. *La Prière*, bois original au canif (38 ex.) 20 fr.
Ribot. En-tête (25 ex. . . . . 15 fr.
— *Portrait* (25 ex.) . . . . 15 fr.
— *Portrait de vieillard*, hors texte (138 ex.) 25 fr.
— 6 bois (25 ex.). *Chacun.* . . . . . . 10 fr.
— *Intérieur d'atelier* et 2 petits bois 25 ex.). 5 fr.

STEINLEN

Steinlen. *Le Désir* (25 ex.) . . . . 10 fr.
Vallotton. *Sous bois* (25 ex.) . . . . 10 fr.
Besnard. *Dans les étoiles*, 2 bois. *Chacun* . 10 fr.
Jeanniot. *Poème* (25 ex.) . . . . 15 fr.
Beltrand. *Femme de Saint Brieuc*, bois origi-
    nal en trois planches (25 ex. tirés
    sur Japon, impression à l'eau) . 30 fr.
Bracquemond. *Auguste Comte* (25 ex.). . . 15 fr.
— *Portrait de Léon Cladel* 25 ex. 15 fr.
— *Le Vieux Coq* 25 ex. . . . . 10 fr.
— 5 bois (25 ex.). *Chacun.* . . . 10 fr.
De Feure. *Les lettres et les arts* 25 ex. . . 10 fr.
Roty. *Émile Boutmy* (25 ex.) . . . . 5 fr.
J. Dupré. *Paysage* (25 ex. . . . . 10 fr.
Hermann (Paul). *M. Quelconque est malade*
    (25 ex.) . . . . 5 fr.
Moulignié. *Théâtre*, deux bois 25 ex. . . . 5 fr.
Beltrand. *Richard Wagner* (25 ex. . . . . . 5 fr.
Fournery. *La Mode* (25 ex.). . . . . 5 fr.
De Feure. *Couverture* (25 ex.) . . . . . . 20 fr.

SÉRIES

Lepère. *Autour de Notre-Dame*, 4 bois . . 35 fr.
Ribot. 12 bois . . . . 85 fr.
Bracquemond. 6 bois. . . . . 40 fr.

MARS 1897

Darbour. *Couverture*. Recto et verso, tiré à
    25 ex.). . . . . 20 fr.
Vierge. Hors texte. *Marché aux Dindons*
    (38 ex.) . . . . 20 fr.
— *Le Jeu de Boules* (tiré à 138 ex.) 5 fr.
— *Portrait et huit Croquis* (25 ex.).
    Chacun . . . . 5 fr.
Doudelet. *La Mort de Tintagile* (38 ex.) . 20 fr.
Dunki. *Trois dessins* 38 ex. . . . . 5 fr.
Lhermitte. *Le Sabotier* (38 ex. . . . . . . 20 fr.
Jeanniot. 8 croquis (25 ex.). *Chacun.* . . . 5 fr.
A. Gérardin. Dessin et cul-de-lampe (25 ex.
    Ensemble . . . . 10 fr.
Jeanniot. Maquette pour l'affiche (38 ex.) . 20 fr.
Cahard. *Titre des lettres et arts* (25 ex.) . 10 fr.
A. Gérardin. *Les Porteurs de torches* (25 ex.). 5 fr.
Chassériau. Croquis (25 ex.) . . . . 5 fr.
J. Veber. Croquis. (25 ex.) . . . . 5 fr.
Rivière. *La Douloureuse*. (25 ex.). . . . . . 10 fr.
Moulignié. *Le Chemineau* (25 ex.). . . . . 5 fr.
Moreau-Nélaton. *Messidor*. (25 ex. . . . . 5 fr.
Helleu. Croquis 25 ex.). . . . . 5 fr.

Série complète de tous les *fumés des bois* parus dans les deuxième, troisième et quatrième numéros.

Chaque fascicule . . . 250 fr.

L'administration de L'IMAGE informe les collectionneurs que toute épreuve qui ne porterait pas désormais notre cachet et qui n'aurait pas les dimensions suivantes : 0,34 × 0,25 ne serait pas un FUMÉ tiré à la main.

Numéro spécimen de L'IMAGE, illustré par Beltrand, Christy, Chéret, Cavaillé-Coll, Habert Dys, De Feure, A. Gérardin, Jeanniot, A. Lepère, L.-O. Merson, Steinlen, Vogel, Willette. *(Épuisé.)*

Six exemplaires sur papier de Chine *(tirage à 12 exemplaires)* restent en vente au prix de **50** fr. l'exemplaire.

RETAIRE DE LA RÉDACTION : JULES RAIS

TRATEUR : TONY BELTRAND

DIRECTION ARTISTIQUE ET ADMINISTRATION :
LE LUNDI ET LE MERCREDI DE CINQ A SEPT **HEURE**

RÉDACTION : LE MERCREDI DE CINQ A SEPT **HEU**
4, RUE DES PETITS CHAMPS

ingramcontent.com/pod-product-compliance
ning Source LLC
gne TN
V020843200726
508LV00003B/1060